Couvertures supérieure et inférieure
manquantes

LA SAVOIE

ET

LES SAVOYARDS AU XVIe SIÈCLE

DISCOURS DE RÉCEPTION

PRONONCÉ A

L'ACADÉMIE DES SCIENCES, BELLES-LETTRES ET ARTS DE SAVOIE

Dans la séance solennelle du 21 décembre 1882,

Par M. l'abbé L. MORAND,

CURÉ DE MACHÉ

SE VEND UN FRANC

Au profit des ÉCOLES CONGRÉGANISTES de Chambéry.

CHAMBÉRY

IMPRIMERIE CHATELAIN, SUCCESSEUR DE F. PUTHOD

4, AVENUE DU CHAMP-DE-MARS, 4

1883

Extrait des Mémoires de l'Académie de Savoie,
3ᵉ Série, tome IX.

LA SAVOIE

ET

LES SAVOYARDS AU XVIe SIÈCLE

DISCOURS DE RÉCEPTION

PRONONCÉ A

L'ACADÉMIE DES SCIENCES, BELLES-LETTRES & ARTS

DE SAVOIE

Par M. l'abbé L. MORAND,

CURÉ DE MACHÉ

MESSIEURS,

Le bonheur parfait, dit-on, n'est pas de ce monde. Votre nouveau confrère en a fait l'expérience, lorsque vous eûtes exaucé le vœu le plus cher de son ambition en lui ouvrant les portes de l'Académie de Savoie.

A la joie profonde et à la légitime fierté que m'avaient causées vos suffrages, s'est mêlée bientôt une secrète inquiétude. Songeant à cette solennité où j'aurais à prononcer le discours imposé par vos statuts au récipiendaire, je me voyais d'avance dans la situation embarrassante de ce bon villageois, qui, au moment d'être introduit dans le salon d'un haut personnage, s'aperçoit avec terreur que les idées et les paroles lui font défaut, hésite, et regarde la porte pour s'enfuir.

Le souvenir des enseignements de votre illustre Compagnie s'est alors présenté à mon esprit. J'ai revu les figures pensives de vos éminents prédécesseurs, dont les œuvres, rebelles à l'oubli, continuent à nous faire entendre leurs voix d'outre-tombe dans le sanctuaire de vos Mémoires. Je vous ai contemplés vous-mêmes, Messieurs, plein d'admiration pour vos talents multiples et votre zèle infatigable à ajouter chaque jour quelques nouveaux fleurons à la couronne scientifique, artistique et littéraire de notre Savoie.

Qu'étais-je, moi nouveau venu, en face d'un aussi brillant cortège? Que vous apporterais-je à mon entrée? Par quel moyen ingénieux prolongerais-je l'illusion bienveillante que vous vous étiez faite, en escomptant à mon actif le mérite d'un ouvrage, qui n'est encore qu'une promesse?

Je restais longtemps perplexe. Heureusement, Messieurs, — qu'il me soit permis de faire cette confidence aux inventeurs et aux savants que j'aperçois ici, — je fis, moi aussi, une découverte, qui ramena le calme dans mon cœur. En vous observant avec attention, je découvris que vous, si graves, si austères, si laborieux, vous aviez tous une même passion, une passion si vive que vous saviez bien peu vous en défendre. Elle suscite vos recherches, elle anime vos dissertations, elle jaillit en flammes des lèvres de vos orateurs. Oui, votre amour pour la Savoie, — c'est votre passion commune, — vous domine et vous trahit. Vous présentez là, Messieurs, je vous en avertis charitablement, une brèche toute grande ouverte à tout soldat de la plume qui rêve de monter à l'assaut de vos sympathies.

Souffrez donc que je m'y précipite, et laissez-moi, en évoquant, dans une causerie sans prétention, quelques traits empruntés aux annales du pays aimé, prendre possession de ce fauteuil qui comble tous mes vœux en dépassant toutes mes espérances.

I

La Savoie, Messieurs, a depuis très longtemps un état civil. Néanmoins, en ce siècle où l'on sait tout, où l'on croit tout savoir, certaines gens, qui ont assurément beaucoup d'esprit, ont émis, sur le point du globe occupé par elle, des idées absolument neuves. D'aucuns, doués d'une merveilleuse imagination, l'ont placée en Suisse ; d'autres l'ont aperçue en rupture de ban dans quelque coin de l'Italie ; d'autres enfin, — ce sont les érudits, — s'en rapportant à leur Strabon classique[1], l'ont peinte comme un lieu de désespérance, où les brigands occupent les sommets et où le froid et l'âpreté du sol en font partout l'image désolante du chaos. La fantaisie et l'ignorance ont des droits incontestables ; mais, c'est à condition qu'elles n'en abusent pas. La Savoie, Messieurs, est bien chez elle, et n'y fait pas trop mauvaise figure. Ses vallées riches et variées, ses montagnes imposantes et splendides, ses lacs semblables à des lambeaux du ciel tombés sur des tapis de verdure, son

[1] *De Geographid.* Lib. IV, cap. vi, § 9.

air pur et tempéré, forment un ensemble qui peut se passer d'emprunter des charmes aux régions étrangères.

> Avec leurs grands sommets, leurs neiges éternelles,
> Par un soleil d'été que les Alpes sont belles !
> Heureux qui sur ces bords peut longtemps s'arrêter ;
> Heureux qui les revoit, s'il a pu les quitter ![1]

Le poète est ici un peintre fidèle, et bien d'autres esprits d'élite ont partagé son enthousiasme.

Pourtant, Messieurs, si l'enveloppe est belle, l'âme lui est supérieure en beauté. Non, si grandioses que soient ses horizons, si pittoresques que soient ses aspects, ce n'est point par sa conformation que notre pays est surtout remarquable. Ce petit coin de terre, suivant la destinée que lui ont donnée nos libres votes de 1860, est maintenant confondu avec les autres provinces de la grande patrie française. Il n'en fut pas toujours ainsi. Sur ses quatre cents lieues carrées, un peuple vivait jadis de sa propre vie, avait sa place respectée parmi les autres peuples, défendait fièrement sa nationalité et trouvait dans son esprit et dans ses vertus un moyen efficace de triompher des épreuves. Je n'ai pas la prétention de vous rappeler en détail toute cette longue et glorieuse histoire de nos aïeux. Plus modeste, mon ambition se borne à attirer votre attention sur quelques traits saillants de leur physionomie en un temps qui fut si semblable au nôtre par ses luttes et ses troubles de toutes sortes : je veux parler du xvie siècle. J'ai pensé que rien, comme l'esquisse des grandes figures de cette époque reculée, ne pourrait vous donner une idée plus exacte des Savoyards

[1] GUIBAUD, *Le Petit Savoyard*.

d'autrefois et fournir un plus utile enseignement aux Savoyards d'aujourd'hui.

Dieu me garde cependant de faire intervenir en aucune manière, dans cet aperçu, la nymphe que Numa Pompilius allait consulter dans le bois d'Aricie, et que les Numa si nombreux de nos jours vénèrent, à défaut d'autre dieu, sous le nom de politique. Depuis que cette semi-déesse, quittant sa retraite sacrée, s'est mise à courir nos rues en fille échevelée, il convient de la laisser à ses divagations. Mais, tout en repoussant son contact compromettant, n'est-il pas permis, Messieurs, de s'entretenir, au foyer de la famille, des gestes glorieux de ses ancêtres, et même d'exprimer l'espoir que :

Où le père a passé, passera bien l'enfant ? [1]

II

Qui ne sait les profondes perturbations apportées à la paix du monde européen par le XVIe siècle, qui, véritable volcan en pleine éruption, vint presque subitement couvrir de laves, de cendres et de ruines, la religion, les mœurs, les institutions civiles, les sciences, les arts et jusqu'à la langue du passé ? Est-il besoin d'énumérer les terribles événements qui surgirent, en Allemagne, en France, en Italie et en Angleterre, des harangues furieuses des prédicants de la Réforme ? Laissez-moi vous dire seulement, Messieurs, que notre pays ne fut pas à l'abri de pareils malheurs. Quinze ans à peine s'étaient écoulés dès le jour où Luther avait brûlé, aux applaudissements des

[1] ALFRED DE MUSSET, *Poésies nouvelles : le Rhin allemand.*

écoliers, la bulle de Léon X[1] à la porte orientale de Wittemberg, que nos vallées et nos montagnes furent à leur tour en proie aux horreurs de la double invasion des dogmes hérétiques et des armées étrangères. D'un côté, Genève révoltée à la voix de Calvin, de l'autre, le reste des États de Savoie aux mains des Suisses et des Français : telle fut la situation.

François Ier, neveu par sa mère du malheureux duc Charles III, joua à cette heure critique de notre histoire un rôle auquel les diplomates ont pu applaudir, mais que l'historien doit juger avec sévérité. Pousser les Suisses à s'emparer des provinces de son oncle sur les rives du Léman, puis faire envahir par ses propres troupes les vallées de l'Arve, de l'Isère et de l'Arc, n'était ni juste, ni loyal. Le roi chevalier avait fait place à Machiavel. Louis XII avait dit de lui, à son lit de mort : « Ce gros garçon gâtera tout. »

A la vérité, François Ier, qui tenait beaucoup, par l'esprit, de sa mère Louise de Savoie, mérita d'être appelé le Père des lettres. On ne saurait nier l'influence heureuse qu'il exerça à cet égard sur son époque, soit en favorisant les savants et les artistes, soit en créant le Collège trilingue, la bibliothèque de Fontainebleau et l'Imprimerie royale. Il tournait lui-même assez agréablement les vers. Mais, il fut un mauvais pasteur du peuple et un plus mauvais politique. Tout en ne partageant pas, au sujet de ses mœurs, les attaques grossières et récemment encore flétries du *Roi s'amuse*[2], on peut au moins dire que ses entreprises à l'extérieur ne justifièrent que trop le jugement de son prédécesseur, et furent loin de profiter à la France.

[1] *Exsurge.*
[2] **Drame de Victor Hugo.**

Quoi qu'il en soit, Messieurs, ce n'est pas de la conquête de nos provinces que celle-ci eut à se plaindre. La Savoie, pendant les vingt trois ans qu'elle lui resta unie[1], se montra, malgré tout, fidèle à son génie et à ses traditions. Si la violence des étrangers hérétiques triompha sur certains points de la faiblesse de quelques Savoyards, partout ailleurs les autres n'en devinrent que plus fermes dans leur foi et n'en montrèrent que plus d'ardeur à suivre les voies de l'honneur et de la vertu. D'ailleurs, c'est le spectacle qui se remarque durant tout ce xvi⁰ siècle. On est étonné de la pléiade d'hommes distingués qu'un aussi petit pays fournit en même temps à toutes les branches de l'activité humaine. Le clergé comptait les évêques Anthelme de Miolans à Valence, Claude de Seyssel à Marseille et à Turin, François de Lambert à Nice, Louis de Gorrevod, Jean-Philibert de Challes, Hippolyte d'Est, Pierre de Lambert à Saint-Jean de Maurienne ; les jésuites Le Fèvre et Claude Le Gay aux côtés de saint Ignace ; le dominicain Guy de Furbity à Montmélian ; l'observantin Michel Trepier à Paris, etc. Faut-il citer aussi les magistrats ou les savants Louis d'Hérée, Jean de Seyssel de La Serra, Pierre de Lambert de la Croix, Louis Millet de Faverges, Catherin Pobel d'Anières, Louis Odinet de Montfort, René de Lucinges, Emmanuel-Philibert de Pingon, Marc-Claude de Buttet, Guillaume d'Oncieu, etc. ? Ce sont là les principaux, et j'en passe une foule d'autres que nos annales rapportent comme étant également remarquables.

Messieurs, Gœthe observe excellemment que « dans les diverses classes et jusque dans les rangs les plus élevés de l'ordre social, des hommes se sont produits qui en ont

____

[1] De 1536 à 1559.

rassemblé en eux tous les traits caractéristiques, au point d'identifier leur nom avec l'idée même de ces rangs et de ces classes, et d'en paraître comme la personnification vivante [1]. » La nomenclature que je viens de faire est une preuve irrécusable de la vérité de ces paroles. Tous ces illustres personnages étaient l'expression fidèle et comme le génie de la nation même à laquelle ils appartenaient. Ils tenaient leurs qualités éminentes de ses mœurs, de son esprit et de son caractère, et ils en sortaient, comme la fleur de la tige, comme l'arbre du sol. On entend souvent répéter dans notre temps malheureux ce cri désespéré : « Où sont les hommes ? Les hommes manquent ! » Le tort de cette stérilité n'incombe pas à la nature humaine, mais à la nation qui, ayant vicié ses sucs nutritifs, cesse de produire. Les hommes qui sauvent ou élèvent un peuple, apparaissent toujours quand le peuple n'a point failli. Les forces vitales qui donnèrent au nôtre sa puissante fécondité, furent donc la finesse de son bon sens, la pureté de ses mœurs, la culture de son intelligence et la force de sa volonté. Ici, Messieurs, je vous demande la permission d'imiter le sage qui n'avance rien qu'il ne prouve.

III

Les deux grandes classes qui composent encore la société à cette époque, sont la noblesse et le peuple ; mais, c'est à peine si l'on distingue la ligne de démarcation que l'affection et la confiance réciproques ont presque effacée. Autrefois, lorsqu'il s'était agi de protéger la terre contre

[1] Gœthe, *Mémoires*.

les maraudeurs nomades, ou de donner, avec la sécurité, de
l'air et du soleil à la patrie, la première s'était chargée
exclusivement de ce soin. Dans ces châteaux et maisons-
fortes dont on aperçoit les ruines presque à chaque pas,
au carrefour des vallées, sur la croupe des collines ou sur
le flanc escarpé des montagnes, le vicomte et le marquis
veillaient, nuit et jour la main à la garde de leur épée, l'un
au maintien de l'ordre à l'intérieur, l'autre à la garde des
frontières contre les surprises de l'étranger. En un mot,
le noble, c'était dans ce temps le brave, l'homme fort et
expert en armes qui combattait, tandis que le prêtre ins-
truisait et que le laboureur semait. Maintenant que, grâce
à ses efforts, la société est devenue stable, le voilà descendu
de sa tour dans la plaine, mêlé aux paysans et vivant de
leur vie. S'il sort momentanément de son modeste manoir
pour le service de l'État, il ne désire rien tant que d'y ren-
trer au plus tôt. Il remplit lui-même ordinairement l'office
de fermier, il visite ses métayers, s'entretient avec eux du
soin de leur bétail, va aux noces de leurs enfants et choque
familièrement le verre avec eux. Enfin, lorsqu'il est près
de mourir, il ordonne dans son testament, ainsi qu'on le
voit chez le marquis Pierre-Louis de Lescheraines [1], que
ses funérailles soient faites avec quatre cierges seulement,
sans plus ni moins de ce qui se pratique ordinairement
pour les défunts du village où se trouve sa maison.

On aurait, Messieurs, une idée fausse de ce qu'étaient
nos anciens seigneurs, si l'on se bornait à les étudier dans
les romans qu'ont écrits, sous le nom d'histoire, des auteurs
aussi passionnés qu'ignorants. Il n'exista jamais, du moins

[1] *Testament du 16 mai 1738.* Arch. de M. le baron Favier du
Noyer de Lescheraines.

dans notre pays de Savoie, un réel antagonisme entre les nobles et le peuple ; les actes d'injustice ou de barbarie qu'on se plaît à attribuer aux premiers comme une tendance générale, n'eurent point ce caractère ou ne furent qu'une rare exception. Ce qui frappe, au contraire, dans leur vie, c'est, avec la foi, la distinction des manières et le savoir, un esprit d'ordre, une simplicité, une bonté et une douceur aussi admirables que touchantes. Pour mieux vous en faire juger, j'ai la bonne fortune de pouvoir vous citer en témoignage une série de volumes précieux contenant la vie intime et aussi détaillée que possible de l'un d'eux. Ces volumes authentiques et inédits[1], dont votre éminent collègue, M. le marquis d'Oncieu, leur heureux possesseur, se propose, du reste, de vous apporter un jour une étude plus complète, sont les « Livres de raisons » ou livres de compte de Jean de Piochet, seigneur de Sallin[2].

[1] Sont au nombre de sept, dont six cotés aux lettres A, B, C, D, E, G sont en la possession de M. le marquis d'Oncieu de la Bâtie, et le septième, coté F, en celle de M. Jean Faga, bibliophile.

[2] Jehan de Pyochet, sgr de Sallin, né le 1er mars 1532, enseigne colonnelle, lieutenant du sgr des Landes, capitaine de Chambéry, marié le 5 février 1570 à Louise, fille de Jacques-François de Belletruche dit d'Orlié, sgr de Saint-Innocent, était lui-même fils d'Antoine de Pyochet, sgr de Monterminod et de Sallin, et de Jeanne, fille de Pierre Dieulefit Magnin, ensuite du mariage contracté en 1522. — Avait pour frères : 1° Nicolas, mort jeune ; 2° Raphaël, avocat du Consistoire, lequel eut deux fils et une fille ; 3° Amédée, sgr de Sallin, contrôleur général des guerres et commissaire général des fortifications, mort à Genève, en octobre 1567, âgé de 42 ans ; 4° Georges, mort au service de Charles-Quint, à Trapani, en 1554, à l'âge de 25 ans ; 5° Pierre, gentilhomme ordinaire d'Emmanuel-Philibert, né en 1538 ; 6° Laurent, sgr de Monterminod, capitaine au château de Chambéry, en 1590, marié à Gabrielle d'Alby. (*Archives du Mis Costa de Beauregard.*)

Les armes de Jehan de Pyochet portaient : *D'or au chef d'azur chargé d'une licorne issant d'argent*. Il avait pour devise habituelle : *In pace novi hostes*.

Vous pouvez, Messieurs, apercevoir de la tour de ce château les trois maisons qu'il possédait dans les environs. L'une se dresse sur le bord méridional de la terrasse qui porte le village de Saint-Jean d'Arvey, et forme le centre d'un paysage des plus ravissants. Au nord, elle est abritée par les hautes montagnes murales du Peney et de Margériaz ; au sud, elle domine les gorges profondes de la Leysse et a vue sur le magnifique panorama de bas-fonds, de coteaux et de monts qui s'étend de la vallée de l'Hyéres au col de Granier. L'autre s'élève à gauche de la route d'Aix, presque à la sommité de la colline qui court des rochers de Lémenc à l'église du Viviers. Des fenêtres de la façade, le regard embrasse à son tour le riant tableau de toute la partie occidentale du bassin de Chambéry, comprise entre la chaine de Joigny et la montagne de Lépine. Jean de Piochet nous fait connaître lui-même l'étendue et la nature des terres qu'il possédait dans ce site charmant : « Quatre-vingts fossorées de vignes, vingt-quatre journaux de terre labourable qui font cent vingt fossorées, six seytorées et demie de pré qui font cinquante fossorées : le tout en un clos, et ne devant point de servis, hormis environ un quartan de froment au seigneur de Lescheraines, au lieu dit en Vermoillat. »

Enfin, la troisième de ces habitations, plus rapprochée d'ici, est située sur la rive gauche du ruisseau de Jacob, au pied de la colline qui porte aussi les anciens domaines des seigneurs de Villeneuve et de la Violette. Cachée dans d'épais massifs de feuillage, sans autre voisinage que des eaux, des bois, des prés et des champs, je ne sache, autour de nous, aucun séjour plus favorable à l'homme qui, fatigué des rumeurs assourdissantes du monde, veut goûter le repos dans la grâce et la fraîcheur, le silence et la paix de la nature. Le torrent qui, plus haut, se précipite des rochers, semble ici vouloir lui-même respecter cette douce solitude, en retenant sous les aulnées les fantaisies de son cours et les clapotements de ses eaux.

Vous le voyez, Messieurs, ces trois demeures, qui portent encore les noms de Sallin et de Piochet, n'ont rien de bien terrible. Il n'en était pas autrement jadis. On n'y remarquait ni créneaux, ni machicoulis, ni carcans aux murs, ni oubliettes sous terre. Néanmoins, pardonnez-moi de leur donner une aussi large place dans ce discours, elles en tenaient une bien plus grande dans le cœur de leur ancien maître. De père en fils elles étaient demeurées dans sa famille pendant plusieurs siècles. C'est d'elles qu'il parle le plus souvent, et c'est dans l'une d'elles surtout qu'il a tracé les pages intimes que je vous ai citées.

IV

Que vous apprendrai-je, Messieurs, de ces Livres de raisons que les anciens chefs de maison avaient coutume de tenir soigneusement ? Vous avez lu les nombreux documents de ce genre, par lesquels Charles de Ribbe a réhabilité les familles et la société d'avant la Révolution, et, parmi eux, vous n'avez pas vu sans fierté qu'un des plus remarquables concernait précisément, sous le titre de « Une famille au xvie siècle », une famille savoyarde originaire de ce village de Pugnet qui avoisine la maison de Jean de Piochet. N'est-ce point peut-être sur l'exemple de ce dernier que Jeanne du Laurens composa son admirable « Généalogie » ? Chaque jour, en effet, le gentilhomme savoyard se retire dans son cabinet, prend une plume, et, sur un volume solidement recouvert de parchemin, inscrit d'abord le titre, l'année, sa devise ; puis, à mesure qu'ils se produisent, les événements de sa famille, les faits publics et privés dont il a été témoin ou auxquels lui et les siens ont participé ; en un mot, tout ce qui, de près ou de loin, a frappé son esprit et occupé son activité. C'est là qu'il marque ses alliances et la généalogie de ses ancêtres, qu'il prend possession de sa quatre-vingt-dixième année par un sonnet, qu'il relate la mort de sa femme, fait le dénombrement de ses « 72 compères » et nous apprend qu'il a dix-huit enfants, — douze garçons et six filles. Sur tout le reste, même exactitude, même précision. Il tient note de tout : des « lods et acquis » qu'il fait à Saint-Jean d'Arvey, à Thoiry, à Drumettaz, à Pugnet, à Couz, à Vimines, à Cognin, à Jacob, au faubourg Maché, à Chambéry ; des « servis » qui lui sont dus ; de l'argent qu'il a prêté et des dettes qu'il a payées ; des cinq cent cinquante écus d'or au soleil, de la « robe d'étamine et du cotillon » qu'il a constitués en dot à sa fille Louise dans ses deux mariages consécutifs avec Jacques de Chaffardon et Claude de Pavy ; des « cent vingt florins » qu'il a envoyés à l'abbesse de Sainte-Catherine d'Annecy, Mme Claudine de La Balme, pour la pension et l'éducation de sa fille Claudine ; enfin, des « cinq livres de bœuf et des deux livres de mouton » qu'il reçoit chaque dimanche du boucher Tonin.

J'abrège, Messieurs, cette longue énumération des actes de ménage de Jean de Piochet, et je passe sous silence une foule d'autres détails charmants et curieux, comme celui où il a prêté à Mre Truffon un « teston de Roy » qu'ils sont allés dépenser ensemble chez Langhetta, et cet autre où il a remis également au seigneur de Lescheraines un « quart de sol » qui devra lui être rendu le lendemain.

Mais cet homme si positif et si soigneux dans l'administration de sa fortune, est doublé d'un érudit et d'un lettré. Sa bibliothèque est remplie de livres, qu'il a rangés par catégories et dont il dresse le catalogue. On vient lui faire des emprunts de tous côtés, et, par le compte qu'il tient de ses obligeances, on voit quelles sortes d'ouvrages étaient principalement en honneur dans la société savoyarde de cette époque. Les livres qu'il inscrit le plus fréquemment, sont :

L'*Histoire générale de France*, de Bernard seigneur de Harlay;

L'*Histoire de France*, de Bernard de Gérard ;

La *Vraie Histoire des troubles de France*, de Jean le frère de Laval ;

La *Description des Francs et de la France*;

Le *Soldat français* ;

L'*Histoire générale du Portugal*, de Osorine;

L'*Histoire de la conquête de Jérusalem*, du maréchal de Villard Arduin ;

Le *Livre des Déclarations du roy d'Angleterre*;

L'*Histoire de la Chine* ;

L'*Architecture de Vitruve*;

La *Servitude volontaire*;

Le *Synode de Montpellier*, de Reboul ;

Le *Livre de la curiosité naturelle*;

Les *Histoires prodigieuses* ;

La *Démonomanie* ;

L'*Amadis de Gaule*, version de Tiron et Montreux ;

Le *Cardan des subtilités*;

Le *Primaléon de Grèce*;

Le *Discours des champs* ;

La *Muse guerrière* ;

Le Cavalier de Savoye;

La *Harangue de M⁰ Pictet de Genève*, du seigneur de Mallatrait;

Une Farce savoyenne, écrite à la main;

Les *Six Jornates facétieuses*, de l'Arétin;

Le *Passe-Partout des Jésuites*, etc.

V

Bien plus, ce bibliophile complaisant est auteur lui-même. Il écrit de longues pages en prose, et surtout il fait des vers. Ce dernier talent, qu'il partage avec Marc-Claude de Buttet, est de famille et semble le travailler plus fortement qu'aucun autre. Vous l'avez vu, à quatre-vingt-dix ans, il rime encore. Il glisse ses poésies un peu partout, les mêlant, sans s'inquiéter du voisinage, aux comptes de viande de Tonin, aux remèdes contre le mal de dents, ou aux « effets du cœur du coq placé sur le cœur de celui qui dort. » C'est en cette singulière compagnie que nous rencontrons, pour n'en citer que quelques exemples :

Les « vers à la louange du Saint-Suaire » ;

Deux quatrains « pour deux tables d'attente » ;

Un quatrain « pour mettre au pied de l'image de saint Paul à Lémenc » ;

Un autre quatrain « pour mettre au pied de saint Pierre de la même église » ;

Un dialogue du Génie et de la Savoie « sur la mort d'Emmanuel-Philibert » ;

Une strophe « sur le trépas du seigneur du Coudray » ;

Un quatrain « sur un livre du seigneur de Mallatrait » ;

Un autre quatrain « sur la femme ».

Ici, Messieurs, il faut avouer que notre poëte est quelquefois d'une imprudence dangereuse et qu'il ne craint pas de vouer sa mémoire aux malédictions de cette moitié du genre humain qui, à ses yeux à lui, n'est pas le sexe faible, lorsqu'il s'écrie :

> Ne laisse à la femme pour rien
> Mettre son pied sur le tien.
> Le lendemain la feinte beste
> Le voudra mettre sur ta teste.

Ne dirait-on pas qu'André Chénier s'est emparé plus tard, dans un style moins cru, de la même pensée lorsqu'il écrivait :

> O toi, jeune imprudent que séduit une femme,
> Si ton cœur veut en croire un cœur trop agité,
> Ne courbe point ta tête au joug de la beauté.
> Ris plutôt de ses feux et méprise ses charmes,
> Vois d'un œil sec et froid ses soupirs et ses larmes,
> Règne en tyran cruel; aime à la voir souffrir;
> Laisse-la toute seule et transir et mourir [1].

Chez le poëte de Piochet, presque toujours la pensée est vive et le trait fin. Écoutez ce qu'il dit du seigneur de Mallatrait :

> L'on ne croira jamais que ce livre soit tien,
> Très docte Mallatrait, où si doux nous amuses.
> Car il est tout divin et chascun cognoit bien
> Que tu l'as emprunté de Bellone et des Muses.

Le même caractère se remarque dans le dialogue du Génie et de la Savoie :

[1] *Poésies d'André Chénier*, XIX.

Le Génie.

Si le Ciel s'esjouit, qui te fait lamenter?

La Savoye.

Le décès de mon Duc, mon tout, mon espérance.

Le Génie.

Savoye, laisse ton pleur, cesse à te tourmenter,
Car il est vif au ciel celluy que mort on pense [1].

Qu'est-il nécessaire, Messieurs, d'ajouter à cette esquisse, pour mieux représenter la vie et les mœurs contemporaines de la noblesse savoyarde? Ce que vous venez de voir dans Jean de Piochet, il me serait facile de vous le montrer, à l'aide de semblables documents, chez un grand nombre d'autres personnages de sa classe, tels que les Chabod de Jacob, les Bruiset de Chabod, les Chaney de Villeneuve, les Blancheville de Lescheraines, les Costa du Villard, etc. Mais, vous pouvez déjà comprendre combien le peuple devait, en un pareil milieu, se nourrir à son tour d'idées saines et de bons sentiments. La peinture sombre sous laquelle on se plaît à représenter son existence est fausse de tous points. Sans doute, ce peuple n'avait pas le suffrage universel et ne connaissait pas la dynamite. Il possédait mieux, il avait l'amour du travail, de l'instruction et de Dieu. A la place des forces qui détruisent et qui renversent, il avait en main les forces qui maintiennent et celles qui élèvent. La religion, la patrie, le foyer, étaient la trinité qui inspirait et dirigeait chacun de ses actes. Pour s'en

[1] Les autres poésies citées plus haut sont rapportées à la fin de ce discours.

convaincre, il suffit de fouiller nos vieilles archives nationales, ou bien de relire les minutes des notaires et les délibérations des conseils des communes. Les preuves viennent alors s'offrir en foule à notre admiration étonnée. En voulez-vous un exemple tiré du même milieu ?

VI

Louis Laurens est le chef de cette « Une Famille au xvie siècle » dont je vous ai parlé. Il est parti jeune du village de Pugnet et est venu avec ses parents pauvres s'établir à Turin. Son éducation chrétienne et sa vaste intelligence lui fournissent le moyen de s'élever au-dessus de sa condition obscure. Après avoir servi de domestique à un jeune seigneur qui s'est rendu à Paris pour achever ses études, et s'être fait lui-même étudiant à la Faculté de médecine, il est bientôt conduit à exercer son art sur les rives du Rhône inférieur, d'abord à Tarascon, puis à Arles. La vénération qu'il conquiert par son habileté et ses vertus dans ces deux cités, est universelle ; le roi Charles IX lui-même le tient en grande estime et lui fait visite. Mais le souci principal de cet homme de bien, au milieu de ses occupations, est d'élever sa nombreuse famille dans les sentiments du devoir et l'amour du travail. Outre sa fille Jeanne qui nous a conservé ces détails, il a huit garçons qui tous ont obtenu le grade de docteur et deviennent des personnages illustres. Quatre honorent l'Église, un la magistrature, trois la médecine. Je ferai seulement observer que les quatre premiers voulurent rester absolument pauvres, afin de mieux se consacrer à l'œuvre de la prédication dans les villes et dans les campagnes. Deux d'entre eux, Gaspard et Honoré, promus à l'épiscopat, l'un à Arles, l'autre à Embrun, moururent à la peine, enseignant le catéchisme, allant à pied dans leurs visites pastorales, et se dépouillant de leurs biens. Le troisième, Julien, chanoine et premier théologal à Saint-Trophime d'Arles, vécut de même, « ne se couchant jamais dans un lit, ne mangeant que des plus viles et grossières viandes, et accompagnant les pauvres de l'hospital en la sépulture teste nue dehors la ville. » Le dernier, Jean, après s'être fait religieux franciscain, mena, lui aussi, une existence des plus austères, prêchant au milieu du concours des populations, jusqu'au jour où il fut victime de son zèle [1].

Le mérite d'une telle conduite dans cette famille savoyarde ressort et se comprend encore mieux, quand on connaît l'abaissement de mœurs où était alors tombée la France. Les Mémoires du temps sont unanimes dans leur cri de détresse sur ce dernier point. Après avoir fait un tableau lugubre des ruines matérielles et morales accumulées dans ce malheureux pays : « Bref, s'écrie le garde des sceaux Du Vair, la pauvre France est tellement défigurée qu'elle commence à faire pitié à ses plus cruels ennemis [2]. » Jeanne du Laurens, au contraire, nous donne le secret qui fit la distinction de sa maison. « La bonne vie de mes frères, dit-elle, venoit de loin et de la peine que feus nostre père et nostre mère avoient pris à nous élever. Pour moy, je m'estime heureuse et plus qu'heureuse d'avoir eu un si sage père et une si sage mère. J'ay

---

[1] *Les Familles et la Société en France avant la Révolution*, par CHARLES DE RIBBE, vol. II, chap. VI. — *Une Famille au XVIe siècle*, par le même, *passim*.

[2] *Œuvres de Du Vair, garde des sceaux de France*, édit. 1636, p. 21 et suiv.

beaucoup veu et lu, attendu que je suis jà vieille ; mais je n'ai point veu des pères et des mères avoir plus faict, n'espargnant ny leurs personnes, ny leurs moyens pour nous faire instruire[1]. »

Messieurs, cette sainteté et cette excellence de mœurs qui caractérisaient alors les familles de notre petit pays, ne nous surprennent pas. Deux cents ans après, Joseph de Maistre nous montre dans ses lettres ce qu'elles étaient encore sous ce rapport : « On jalouse, écrit-il, mes titres, mon rang, ceux de mon fils, sans savoir ce qu'ils coûtent. Je les céderais tous pour un bon ménage allobroge[2]. » Et ailleurs : « A six cents lieues de distance, les idées de famille, les souvenirs d'enfance me ravissent de tristesse. Je vois ma mère qui se promène dans ma chambre avec sa figure sainte, et, en t'écrivant ceci, je pleure comme un enfant[3]. »

VII

Joseph de Maistre ! Ce nom, Messieurs, m'amène, par une transition toute naturelle, à vous parler de la place importante qu'occupait, en Savoie, le culte des lettres près de la pratique des vertus domestiques. Ici même, dans la salle de vos séances, vous avez voulu proclamer ce fait, en plaçant le portrait de cet homme illustre à côté du tableau où saint François de Sales est représenté, présidant à la séance d'inauguration de l'Académie Florimontane. Vous avez prouvé, par ce rapprochement, que les grands esprits

[1] *Une famille au XVIe siècle*, p. 85 et suiv.
[2] *Lettres et Opuscules*, édit. de 1853, vol. I, n° 164.
[3] *Ibid.*, 14 février 1805,

se comprennent, et que vous étiez dignes de ceux dont vous gardiez ainsi le souvenir. Quelles glorieuses figures, en effet, que ces deux hommes qui, placés exactement à deux siècles de distance, dominent non seulement les temps où ils vécurent, mais encore ceux où nous vivons ! Tous deux, avec des caractères divers, atteignent une hauteur qui laisse bien au-dessous d'elle les sommets mêmes les plus renommés. L'un, avec son front noble et calme, son regard doux et limpide, sa voix mélodieuse et suave, son âme faite de bonté et d'amour, plonge dans les régions sereines du ciel et en fait descendre sur la terre des flots de lumière vivifiante. L'autre, avec sa figure osseuse, ses traits anguleux, son regard de feu sortant de vastes orbites ombragés d'épais sourcils, ses lèvres frémissant sous son âme énergique, en un mot, pareil à l'archange Michel de Milton combattant les anges rebelles, apparaît dans la tempête et lance au milieu des nuages des éclairs qui dissipent les ténèbres et dévoilent l'ennemi.

Pourtant, Messieurs, ces deux génies ne sont pas isolés et ne forment pas une exception chez nos ancêtres. On a dit « qu'il y a des régions pour les esprits et pour les talents. » Il est manifeste que la Savoie en est une. Il ne s'agit pas ici de dresser la liste de tous les savants et les lettrés qui apparurent aux diverses époques de notre histoire, et qui, pour n'être pas restés aussi célèbres que saint François de Sales et Joseph de Maistre, n'en ont pas moins droit à notre admiration. Mais, pour ne contempler que le XVIᵉ siècle, voyez leur nombre et la part qu'ils prennent au mouvement littéraire de cette époque. Ils sont au moins quinze qui figurent avec distinction dans cette mêlée de l'esprit d'où doivent sortir pour la France une nouvelle langue et un nouvel art d'écrire. Les deux qui marquent le plus sur ce champ de bataille pacifique, sont Marc-Claude de Buttet et Claude de Seyssel. Ils combattent chacun avec une arme différente : l'un a pour épée la plume du poète, l'autre la plume du prosateur.

VIII

Marc-Claude de Buttet[1] naquit vers 1520, à Genève, d'après les uns ; à Chambéry, dans une maison sise à Saint-François, près de l'Hôtel-Dieu, d'après les autres. En tout cas, il se proclame lui-même « gentilhomme savoisien. » Par ses ascendants maternels, il était parent de Jean de Piochet. Sa propre famille est une de celles qui ont fait le plus d'honneur à la Savoie, par les grands hommes qu'elle a produits. Déjà elle jouissait d'une haute considération, due aux fonctions élevées qu'avaient remplies dans la magistrature le père et l'aïeul du poète, quand lui-même vint lui apporter un nouvel éclat.

Il avait environ quinze ans et travaillait à Paris à l'achèvement de ses études, en se livrant avec ardeur à la philosophie, aux mathématiques et à la littérature, lorsque François Ier s'empara de son pays. Des deux carrières,

[1] Était fils de Claude de Buttet et de Jeanne-Françoise de La Mar. — Avait un frère et deux sœurs : 1° Jean-Louis ; 2° Jeanne-Françoise, mariée en premières noces à N° Bolliet et en secondes noces à N° Ballin ; 3° Jeanne-Antoinette, mariée à Jean-Baptiste de La Mure ou de Morinis. Lui-même ne fut pas marié. — Sa grand'mère Gasparde Dieulefit, mariée à Jean de La Mar, était cousine germaine de Jeanne Dieulefit, mère de Jean de Piochet. — Son père était maitre de la Chambre des comptes de Genevois. Son grand-père N° Hermet Buttet, originaire d'Ugine au diocèse de Genève, était secrétaire ducal de Savoie.

Les armes de Buttet portent : *De sable à 3 boutoirs d'or entrelacés, deux en sautoir un en pal*, avec la devise : *La vertu mon but est.*

celle de magistrat où son père avait espéré le voir entrer et celle de soldat qu'il avait rêvée, il ne suivit ni l'une ni l'autre. Il fut simplement poète et passa sa vie à faire des vers. C'est ainsi qu'il arrive d'ordinaire dans ce monde, où les hommes proposent et les événements disposent. Ah ! Messieurs, on se figure aisément quels durent être les sentiments et la conduite du jeune gentilhomme, en présence de la perte de sa patrie et de l'effort de ses anciens souverains pour la reconquérir. Réduit à l'inaction entre ses princes qu'il ne voulait pas combattre et la France dont il devait respecter le droit de conquête, que lui restait-il à faire, si ce n'est de se réfugier sur la terre neutre des lettres ?

A vrai dire, quelle qu'ait pu être la sagesse de ce parti, ce n'était pas le meilleur pour fixer les regards de ses contemporains et conquérir les faveurs de la renommée. Je suis persuadé que le poète dut être assez longtemps réduit à versifier obscurément dans sa retraite. Lui-même semble nous l'apprendre dans son ode au cardinal de Châtillon :

> Mais moi peu je puis encor,
> Car la roiale largesse,
> Avec un éperon d'or,
> N'a enhardi ma paresse[1].

Ce n'est pourtant point à nous de nous en plaindre, puisque nous devons vraisemblablement à ces loisirs forcés, ces chants pleins de grâce et de fraîcheur que de Buttet adresse à ses amis Louis et Jean de Piochet, les trois Lambert, François d'Aiguebelette, Battendier, Ramasse, Philibert de Pingon, Louis Milliet, Monchâtre, Jean de Saint-Denis, tous poètes, artistes et savants comme lui.

[1] Ode iv. Édition de Lyon, 1877, page 24.

Pour autant me duit-il mieux
Chanter Pan et ses Nymphettes,
Hantant les rustiques Dieux
Et les jeunes amourettes[1].

Cependant, une ode à Marguerite de France, duchesse de Berry, et la recommandation d'Odet de Châtillon le font recevoir à la cour de cette princesse, qui déjà compte, parmi ses prot[...]s, le fameux Ronsard, Amyot, Jean Dorat et le chancelier L'Hôpital. Dès ce moment, il s'attache à elle et lui voue un culte qui, ne faisant que grandir chaque jour, atteindra son apogée lorsqu'elle sera devenue sa souveraine. Il célébrera son mariage avec Emmanuel-Philibert, qui lui permettra de voir la Savoie « redevenue heureuse[2]. » Il prédira la naissance de son fils Charles-Emmanuel qui « tout ressemble à son père[3] » et qui sera « l'héritier des vertus de sa mère[4]. » Enfin, quand une mort prématurée viendra frapper

Celle qui tant rendit la France florissante,
Et des Muses fit la jouissance avoir,
Et qui épouse fut d'un duc de grand pouvoir,
Fille d'un puissant roi, sœur de roi, de roi tante[5],

il s'écriera fondant en pleurs :

Et moi, ores je meurs en écrivant ces choses[6].

Cette vénération et ces regrets, Messieurs, ne sont pas de simple convention. Le poëte exprime une douleur vraie

[1] *Ode* IV. Édition de Lyon, page 24.
[2] *L'auteur au lecteur*, page 35.
[3] *Épithalame*, p. 384.
[4] *Le Tombeau de Marguerite*, p. 302.
[5] *Ibid.*, p. 304.
[6] *Ibid.*, p. 391.

en face du tombeau de la princesse qui l'avait comblé de ses faveurs, et que le peuple savoyard, touché de sa douceur et de sa charité plus encore que de l'élévation de son esprit, appelait lui-même sa *Mère*.

Mais, à Paris, en même temps qu'il fréquentait les salons de la sœur de Henri II, Marc-Claude s'était lié d'intimité avec les savants et les poètes qui en étaient devenus les hôtes. Une même tendance d'esprit le fit s'engager dans la nouvelle école littéraire qu'ils formèrent. « Là doncques, François, avait crié Joachim du Bellay, marchez courageusement vers cette superbe Cité romaine et des serves dépouilles d'elle (comme vous avez fait plus d'une fois) ornez vos temples et vos autels[1]. » A la vérité, le nom de Buttet ne figure pas parmi ceux de la Pléiade, mais il les suit de près et souvent rivalise avec eux d'éclat. Ronsard et du Bellay sont ceux dont il se rapproche le plus, à tel point que Jean de Piochet n'hésite pas à le placer sur le même rang :

> Tant que le Loir, Loire, Lesse, auront voie,
> Enflant leur cours à jamais non tari,
> Au Vandomois, en Anjou, en Savoie,
> Vivra Vandosme, Angers et Chambery.
>
> Par son Ronsard, le grand Loir est chéri,
> Par son Bellai Loire fière se dresse,
> Par son Buttet Lesse est faite Déesse[2].

Il serait irrévérencieux de dire que Marc-Claude de Buttet faisait des vers, comme Jourdain de la prose, sans le savoir ; mais il est certain qu'il jouissait en cela d'une

[1] *Illustration de la Langue françoise.*
[2] Sonnet de IAN DE PIOCHET, sgr de Sallin, rapporté dans les Œuvres poétiques de M.-CL. DE BUTTET, p. 359 et suiv.

grande facilité. Louis de Richevaux, son ami, dit à propos
de sa merveilleuse fécondité : « Il a beaucoup écrit : entre
autres choses certains poèmes héroïques, qu'il nomme
Idylles à l'imitation de Théocrite ; cinq volumes de Lyri-
ques ; un livre des plus illustres et apparents personnages
de son pays ; la nouvelle poésie en vers mesurés, comme
les grecs et latins ; trois traités qui ne seront vus que de la
postérité à qui il les dédie, nommés des choses là décrites,
à savoir les Historiens, le Monde bigarré et Pandore ; mais,
à mon gré, il s'est montré excellent en la traduction de
Job, faite en diversité de vers, pour les chanter, qui sera
bientôt mise en lumière, et était promise et réservée à feu
très illustre, très vertueuse et non jamais assez louée
princesse, Madame la Duchesse de Savoie[1]. »

Néanmoins, les compositions qui ont le plus contribué à
asseoir la réputation de l'auteur sont les Odes et l'Amalthée.
La plupart des premières rentrent dans la manière propre
du poète avant sa pleine compromission avec les promo-
teurs de la Réforme. On y remarque déjà toute la variété
des rythmes qui depuis ont été mis en œuvre par Malherbe,
Racine, Jean-Baptiste Rousseau, Lamartine et Victor Hugo.
Il dit lui-même, dans la préface, qu'il fut le premier à donner
l'exemple du vers mesuré et rimé « par autre avant lui non
mis en avant[2]. » L'Amalthée, Messieurs, est entièrement
dans le style et le goût de Ronsard et de du Bellay. Les
« serves dépouilles » des Grecs et des Romains y abondent,
et le sujet en est semblable à ceux de la Cassandre et de
l'Olive. Marc-Claude célèbre, sous le nom de la prétendue
nourrice de Jupiter, « une demi-déesse » dont « les cheveux
d'or lui sont pesantes chaines. »

[1] Préface de l'*Amalthée*, p. 188 et suiv.
[2] *L'auteur au lecteur*, p. 38.

> Adonq' vaincu d'une nymphe excellente,
> Ces jeunes vers à sa gloire je chante,
> Qui périront, peut estre, en fruit non meur [1].

On s'est demandé s'il ne s'agissait point ici de quelque personne véritable, entre autres de la comtesse d'Entremont ; je pense qu'on ne doit y voir qu'une Iris allégorique, transformée en thème à sonnets. Ceux du poëte sont au nombre de 319. Bien qu'ils se succèdent sans liaison et que souvent la muse y parle un peu trop grec, ils ne jouirent pas moins d'une grande célébrité avant même d'être publiés.

Au reste, là comme dans ses odes et ses autres productions, Marc-Claude de Buttet représenta noblement la Savoie. Il avait toutes les qualités du vrai poëte, et l'on peut lui appliquer ce que l'on a dit de du Bellay, l'auteur dont il se rapproche le plus. Sensible aux beautés de la nature, il peint le renouveau avec une gentillesse d'imagination et une fraîcheur de pinceau qui, aujourd'hui même, n'est point décolorée. Presque toujours un sentiment d'harmonie lui suggère cet enchaînement de rimes féminines et masculines qui a été une élégance de style avant d'être une règle de versification. Enfin, quand il s'adresse à la dame de ses pensées, c'est encore avec une galanterie de bon aloi qui trahit le chevalier dans le trouvère.

Rien n'est plus bucolique, par exemple, que son ode aux Bergers :

> Dieu vous gard, gentils pâtoreaux,
> Qui, près de ces vertes coudrettes,
> Faites danser sous les musettes
> Vos chevrettes et vos toreaux [2].

[1] L'Amalthée, p. 193.
[2] Ode XIII, p. 160.

Aucun des poëtes de la Pléiade n'a mieux exprimé, non plus, l'idée de l'homme esclave du vice :

> Plutôt dégénérant en beste,
> Toujours à bas penchant la teste,
> Du ciel va son œil détournant ;
> Égal aux brutaux qui ne vivent
> Que pour périr, et partout suivent
> Là où le corps les va traînant [1].

Il faudrait encore citer, pour la noblesse des pensées et des sentiments, le sonnet suivant de l'Amalthée :

> La Savoie au dos fort, et l'invincible France,
> Pour Martigue et Seyssel, jà morts, se débattoient ;
> Et de leurs yeux meurtris des grands fleuves flottoient,
> S'arrachant les cheveux, et pleurant leur défense.
>
> La Savoie avança qu'elle estoit leur naissance,
> Et la France répond, pour moi ils combattoient ;
> L'une dit, je les fis ; l'autre miens ils estoient,
> S'obstinant à grands cris en avoir la jouissance [2].

Mais, j'ai hâte, Messieurs, de racheter le peu d'intérêt que peuvent vous offrir ces détails déjà connus sur Marc-Claude de Buttet, par une pièce de poésie inédite, écrite de sa main à la fin d'un « Recueil de poésies » marqué de son nom [3]. Cette composition, abstraction faite du sujet que le poëte a déjà traité sous maintes formes, est bien, sans contredit, une des meilleures pour le naturel du vers et la finesse des pensées :

[1] Ode xvi , p. 142.
[2] L'*Amalthée*, p. 278.
[3] Ce « Recueil », devenu depuis la propriété de M. Jean Faga. bibliophile, à Chambéry, a péri ou s'est égaré, lors de l'incendie de la maison Angleys. en 1872.

C'est bien force, ô mon cœur, que tu sois consumé,
Puisque de tant d'ennuis ma vie est combatue,
Et que de l'œil divin qui l'esprit m'a charmé,
La présence me brusle et l'absence me tue.

Mais quel Dieu favorable et propice à mes vœux
Me peut faire espérer que mon malheur finisse,
Si vaincu du destin je ne puis ny ne veux
M'affranchir du trépas qu'en courant au supplice.

Craignant estre en l'absence estouffé de mes pleurs,
Je cours vers ces beaux yeux qui m'ont embrazé l'ame,
N'est-ce pas en fuiant rechercher les doleurs,
De peur de me noier me ietter dans la flamme ?

Hélas il paroit bien qu'ung estrange poison
Rend fatal et mortel l'amour qui me possède,
Puisqu'au lieu de chercher et treuver guerison
Le changement du mal me tient lieu de remède.

Si faut il rompre enfin ce cordage amoreux
Bien qu'il puisse lier l'ame la plus sauvage,
Et penser désormais qu'il est bien malheureux
Qui peut vivre en franchise et se meurt en servage.

Mais non ne fuions point cest amoreux soucy
Rien n'est doux sans amour en ceste vie humaine,
Ceux qui cessent d'aymer cessent de vivre aussy,
Et vivent sans plaisir comme ilz vivent sans peine.

Les soucis des humains ne sont que vanité,
D'ignorance et d'erreur toute la terre abonde,
Mais constamment aymer une rare beauté
C'est la plus douce erreur des vanitez du monde.

Aymons donoq et portons jusques dans le cercueil
Le joug qui n'a servi qu'aux plus braves courages,
Et souffrons sans gémir la rigueur d'ung bel œil,
Soyons au moins constans, si nous ne sommes sages.

Il ne faut pas, Messieurs, croire entièrement aux poètes qui, épris des « beautés », s'épanchent continuellement en larmes et sont toujours sur le point de mourir. Tout en célébrant à chaque instant leurs funérailles en de belles paroles, ils ne laissent pas ordinairement de vivre de « bonne soupe ». On ne saurait cependant douter que l'âme sensible et mélancolique de Marc-Claude de Buttet ne le rendît extrêmement accessible à la souffrance et ne troublât souvent son bonheur. Il mourut à Genève, le 4 des ides d'août[1] 1586, à peu près un an après Ronsard et quinze ans avant que l'école de la Pléiade ne vînt s'éteindre elle-même sous la sévère critique de Malherbe.

IX

L'époque où brilla Claude de Seyssel était bien antérieure et remontait aux premières années du xvi° siècle. Cet écrivain expirait au moment où notre poète arrivait à la vie. Il ne convient pas, Messieurs, d'apprécier devant vous la valeur réciproque de la prose et de la poésie dont chacun d'eux se servit dans ses œuvres. Votre impartialité vous fait un devoir de les tenir en égal honneur. D'ailleurs, le jugement que je pourrais porter ici ne serait pas certainement accepté au dehors par les ouvriers convaincus de l'une et de l'autre de ces formes littéraires. Naturellement, chacun tient pour meilleur son « outil. »

Alfred de Musset dit :

J'aime surtout les vers, — cette langue immortelle.
C'est peut-être un blasphème, et je le dis tout bas,

[1] 10 août. *Livres de raisons de* JEAN DE PIOCHET.

Mais je l'aime à la rage. Elle a cela pour elle
Que les sots d'aucun temps n'en ont pu faire cas,
Qu'elle nous vient de Dieu, — qu'elle est limpide et belle,
Que le monde l'entend et ne la parle pas [1].

De son côté, Louis Veuillot répond :

O prose, mâle outil et bon aux fortes mains,
Quand l'esprit veut marcher, tu lui fais des chemins.
Sans toi, dans l'idéal, il flâne et vagabonde.
Vrai langage des rois et des maîtres du monde,
Tu donnes à l'idée un corps ferme et vaillant.
Tu l'ornes, si tu veux ; jamais un faux brillant
A sa simplicité, malgré toi, ne s'ajoute.
Grave dans le combat, légère dans la joute,
Tu vas droit à ton but, et tu n'as pas besoin
De lâcher de la corde au mot qui fuit trop loin.
Ton métal est à toi. Serve de la pensée,
La phrase saine et souple, en son cadre placée,
Vit, commande déjà : le poète aux abois
Poursuit encore la rime à travers champs et bois.
Bossuet a fini, lorsque Boileau commence.
En prose l'on enseigne, et l'on prie, et l'on pense.
En prose l'on combat. Les vers les plus heureux
Sont faits par des rêveurs ou par des amoureux.
Dans les nobles desseins dont l'âme est occupée,
Les vers sont le clairon, mais la prose est l'épée [2].

La ligne de démarcation qu'il est juste cependant d'établir entre les prosateurs et les poètes du siècle dont je parle, c'est que les premiers furent le pouvoir pondérateur, ou, si je puis ainsi dire, le Sénat qui tempéra les audacieuses entreprises des seconds. Tandis que les poètes,

[1] PREMIÈRES POÉSIES : *Namouna*, chant iv.
[2] SATIRES : *Préliminaire*.

progressistes hardis, mettaient à sac le vieil édifice de l'idiome national, les prosateurs s'appliquèrent à le relever sur ses propres bases et avec ses propres matériaux. Il pouvait, en effet, convenir à Ronsard et à sa Pléiade de traiter d'*épiceries* le patrimoine littéraire légué par le moyen âge, et leur paraître beau d'aller en Grèce relire Platon sous les orangers d'Athènes. Mais, il était peu probable que toute la nation française consentît à l'accompagner dans ce lointain voyage et à revêtir les langes de l'enfance pour réapprendre. En définitive, la sagesse des conservateurs en prose triompha de la violence des radicaux en vers, et c'est à elle que nous sommes redevables de la belle langue du xviie siècle et du nôtre.

Messieurs, la gloire de la Savoie fut de fournir, dans son Claude de Seyssel, le premier qui, parmi ces champions du droit national, organisa la résistance, en montrant qu'on pouvait vivre et parler honorablement en France. Cet homme distingué, fils des barons d'Aix, n'était pas né, hélas ! comme un enfant justement attendu, dans le château paternel, mais il pouvait aussi bien dire : J'en suis[1]. Il était venu

---

[1] Claude de Seyssel était fils naturel de Claude de Seyssel (et non d'Antoine de Seyssel, suivant Grillet) maréchal de Savoie, et petit-fils d'Humbert de Seyssel, seigneur d'Aix et de la Bâtie. Élu évêque de Marseille, en 1509, la bulle de Léon X qui le nomma à l'archevêché de Turin est du 11 mars 1517. *(Dom. Carutti.)* Il testa le 27 mai 1520, mourut le 1er juin de la même année et fut enseveli dans la cathédrale de Saint-Jean, de Turin, où l'on voit encore son tombeau. — Avant d'entrer dans les ordres, il eut deux filles : 1° Antoinette, légitimée par l'empereur Charles V, laquelle, mariée le 20 juin 1508 à Marius d'Arenthon, conseigneur d'Alex, eut trois enfants, François, Claude et Louis, vivant avec leur père en 1527 ; 2° Agnès, légitimée par le duc Charles III, mariée à spectable et généreux Jacques Tizioni, fils de magnifique Georges Tizioni, de Turin, conseiller et chambellan de S. A. *(Arch. du marquis Costa de Beauregard.)* — Son père

au monde en 1450. Sa famille, l'une des plus anciennes
et des plus puissantes de notre pays, possédait de nom-
breuses seigneuries dans les vallées du Bourget, du Rhône
et des Bauges. Plusieurs de ses ancêtres s'étaient déjà
rendus célèbres par leur rang élevé à la cour et dans les
conseils des souverains de Savoie ; témoin ce Pierre de
Seyssel dont le nom figure sur l'acte de confirmation de
l'abbaye d'Hautecombe immédiatement après la signature
du comte Thomas. Je n'ai pas besoin de vous rappeler les
postes importants qu'il occupa lui-même, pendant sa longue carrière de soixante-dix ans, tant en France que dans
sa propre patrie. Successivement professeur de droit à
Turin, conseiller d'État de Louis XII, ambassadeur de ce
roi à la diète de Trèves, au Concile de Latran, auprès du
roi d'Angleterre, évêque de Marseille, enfin archevêque
de Turin et chancelier de l'Université de cette ville, on
peut dire que très peu d'hommes eurent une vie plus
honorée et mieux remplie. Toutefois, ces distinctions, il
les tenait de ses propres mérites bien plus que de son
origine. Son savoir surtout était considérable et s'étendait
à peu près à toutes les branches connues de l'activité intellectuelle de son temps. Il composa de nombreux ouvrages
juridiques, historiques et théologiques, qui eurent un grand

avait épousé, le 12 octobre 1437, Aimée, fille de Claude de la Chambre et sœur de Bonne de la Chambre mariée en premières noces à Philibert de Seyssel, sgr d'Aix, et en secondes noces à Amé de Genève,
sgr de Boringe ; fut nommé chevalier de l'Ordre de l'Annonciade,
en 1465. (AM. DE FORAS : *Arm. et Nob. de Savoie.*)

Les armes des Seyssel d'Aix portent : *Gironné d'or et d'azur*, ou
mieux, *Gironné d'azur et d'or*, *à 8 pièces*, avec la devise : *Franc et
léal.* Suivant des sceaux de Claude de Seyssel, rapportés par MM.
Dufour et Rabut *(Sigillographie de la Savoie)*, ce prélat avait les mêmes armes, avec un besant ou un tourteau de gueule mis en abyme
sur le tout, qui était le signe de sa naissance illégitime.

retentissement et où il déploie des facultés maîtresses. Son *Histoire de Louis XII*, en particulier, révèle un fin connaisseur des hommes et un véritable homme d'État.

Mais, son titre principal à notre reconnaissance, comme à notre admiration, est la traduction en langue française de l'Histoire ecclésiastique d'Eusèbe de Césarée, des Histoires de Thucydide, d'Appius d'Alexandrie, de Diodore de Sicile, de Xénophon, de Justin, des Œuvres de Sénèque et de quelques-unes des Vies de Plutarque. Il fut le premier qui mit ainsi ces différents auteurs à la portée du public. Bien qu'il précéda Amyot, Rabelais et Montaigne, il montra déjà, surtout dans ces diverses versions, tout ce qu'on admira depuis dans le langage de ces puissants prosateurs. « Un style grave, sérieux, scrupuleux, va fort loin », a dit La Bruyère. De l'avis des critiques de notre littérature nationale, les œuvres de Claude de Seyssel sont, par la netteté et la pureté de la diction, un des monuments les plus intéressants du XVIe siècle. On peut en juger par l'exemple suivant, tiré de la préface à la traduction d'Hérodote et de Thucydide : « Car l'ung d'eux, est-il dit, assavoir Hérodote, s'en va son train, tout plain et facile, sans aucune scabrosité comme une rivière qui court doulcement toute unie, sans aulcun saut et sans vagues. L'aultre, assavoir Thucydide, a son cours plus impétueux et en parlant de choses de guerre semble qu'il soit sur le faict et qu'il donne le signe de la bataille. » Bien plus, ne diraiton pas, d'après ce même passage, qu'il peint son propre style plutôt que celui des deux auteurs grecs? Sa langue s'enva aussi « son train tout plain et facile », et elle est bien essentiellement française. Le vocabulaire des anciens n'y est point admis, et tout provincialisme en est chassé. Bref, notre compatriote marque déjà par son exemple,

avant même qu'on en eut l'idée en France, le point fonda-
mental de la réforme de l'idiome national, et montre que
ce n'est pas de le surcharger d'un bagage incommode de
mots grecs et latins, mais d'y introduire ces tours, ces
mouvements, ces alliances heureuses, qui rajeunissent les
expressions, leur rendent une vie nouvelle et leur permet-
tent de tout dire avec une inépuisable fécondité.

X

Tels sont, Messieurs, les hommes qui honorent la Savoie
au XVIe siècle. Ou plutôt, telle est la société dont ils tirent
leur origine et dont ils offrent le parfait modèle. A celle-ci
revient, en effet, comme je le disais tout à l'heure, le mérite des qualités qui élèvent ces fils de la noblesse et ces
fils du peuple ; par sa constitution forte et saine, elle leur
fournit tous les éléments de leur croissance et de leur dé-
veloppement. D'ailleurs, cette action puissante et féconde,
elle ne cesse de l'exercer en tout temps dans ce qui con-
cerne sa propre existence. Il n'est pas rare, par exemple,
de voir certaines gens s'étonner de la prospérité continuelle
de la monarchie de Savoie et d'en reporter la cause exclusivement sur l'habileté de ses princes. C'est juger bien
superficiellement ce qu'un examen approfondi ferait mieux
apprécier. Assurément, on ne saurait trop admirer la sage
politique et la haute vaillance de la plupart de nos anciens
souverains. Mais n'étaient-ils pas seulement le premier
membre d'une équation dont le second est nécessaire et
se reconnaît facilement? Qu'auraient-ils pu sans le caractère et les vertus de leurs sujets?

Messieurs, nos ancêtres étaient des hommes empreints

d'une forte et étonnante originalité : tête carrée, mais cœur d'or ; aimant le bien avec ardeur, mais suivant leurs idées avec une inflexible ténacité ; parlant peu, mais toujours à propos ; ne se livrant pas à la légère ; ne se piquant jamais d'une folle vitesse, même quand on les pressait d'agir ; ne s'emportant en aucun temps, mais allant toujours. Ceux-là étaient bien vraiment des hommes et des caractères ! Il n'y avait entre eux et leurs voisins presque aucune ressemblance, et il arrivait souvent même à leurs meilleurs amis de les plaisanter sur leur lenteur, leurs hésitations, leur prudence cauteleuse ou leur défiance envers les autres. Leurs compatriotes d'au delà des Monts, entre autres, les appelaient « tête de fer, *testa dura* ». Il n'y avait pas même jusqu'à leurs souverains qui ne prissent plaisir à leur lancer, dans l'occasion, quelques épigrammes, tel que celui où Victor-Amé III disait : « Les Savoyards ne sont jamais contents ; s'il pleuvait des sequins, ils accuseraient Dieu de casser leurs ardoises. »

Les Savoyards, Messieurs, laissaient dire et n'en pensaient pas moins ; ils se contentaient de répondre aux Piémontais que, s'ils avaient la tête dure, c'était « par raison, *ma per la ragione.* » La raison, oui, voilà leur bon et vrai guide ! En rien ils ne savaient s'accommoder du vagabondage de l'esprit dont ils s'appliquaient à contenir en tout le premier élan. Ils voulaient, dans la conduite de leur vie, voir la route qui se présentait à eux, et ne s'y engager qu'après en avoir mûrement considéré la longueur et les obstacles.

Quant à leur cœur, ils n'avaient pas une autre manière de le traiter. Ils ne le portaient pas en enseigne sur leur poitrine, ni n'en offraient l'entrée à tout passant ; ils le tenaient pour une demeure sacrée, et ce qu'ils avaient cru digne d'y être introduit, n'en sortait plus. Les sentiments

qui en occupaient la première et la plus large place,
étaient, avec l'amour de la religion, de la famille et de la
patrie, le respect profond de la règle et le goût passionné
de l'ordre. Tout ce qui respirait la perfidie, la lâcheté et la
bassesse, en était sévèrement exclu. Malheur à qui, pre-
nant leur affabilité pour de la servilité et leur modestie
pour de l'humilité, tentait de les traiter de haut ou d'ou-
trager leur dignité! Leur fierté blessée se dressait terrible
contre l'imprudent, et ces grands silencieux trouvaient
aussitôt dans leur verve caustique quelque trait piquant
qui rendait vivement la blessure. Le doux et tendre de
Buttet nous donne ainsi lui-même l'expression de son in-
dignation contre un poëte qui l'avait injurié :

> Le Ciel, pour punir ton outrage,
> Te plante au cerveau une rage,
> Qui, plus et plus croissant toujours,
> Ainsi qu'Hécube malheureuse,
> Forcera ta gueule hideuse
> Tous les soirs par les carrefours.
>
> Va, mâtin, et ne me hazarde :
> Bien que d'ennui ton cœur arde,
> Cherchant sur moi ficher ta dent,
> Et que ce vilain groin tu tordes,
> Je n'ai point peur que tu me mordes,
> Me resuivant d'un œil ardent.
>
> Si tu ne veux que je t'accoutre
> De coups, laisse-moi passer outre.
> Es-tu bien pour me fourvoyer ?
> Mais, si ta rage encor te happe,
> Approche-toi, gronde, hurle, jappe,
> Tu ne me peux rien qu'aboyer [1].

[1] Ode xxiii, p. 160.

XI

Noble race où la susceptibilité, cette fille nerveuse du sentiment de l'honneur, faisait bondir à la moindre piqûre ces esprits tranquilles et ces cœurs réservés ; où le sentiment de l'honneur lui-même, pur de tout alliage, communiquait une indomptable énergie à ces âmes concentrées, et leur faisait illustrer les champs de bataille par des prodiges d'héroïsme ou poursuivre froidement, à travers les routes tortueuses de la diplomatie, le triomphe de la politique du prince et des intérêts de la patrie. *Honor aut mors* : cette sentence, qu'on lisait sur les armes d'une famille que votre Académie connaît bien [1], était écrite ès cœurs de tous. Moins encore dans les jours malheureux que dans les temps prospères, ces vaillants Savoyards perdaient le courage et la possession d'eux-mêmes. Ils pratiquaient, sans faiblir, cette maxime que Jeanne du Laurens avait apprise de son père et répétait elle-même aux hommes pusillanimes de son entourage : « Tous les temps sont bons pour vivre bien et vertueusement. » Jamais ils ne se laissaient abattre par l'épreuve ; vaincus, ils relevaient le front et gardaient l'espérance, qui ne les trompait point. Vous connaissez ce cri superbe d'Emmanuel-Philibert devant l'invasion des États de son père : *Spoliatis arma supersunt*, et vous n'ignorez pas que chez les autres personnages, Marc-Claude de Buttet et Claude de Seyssel, dont je vous ai parlé, la devise du premier était : *La vertu mon but est*, et celle du second : *Franc et léal.*

J'en ai dit assez, Messieurs. Je crois avoir répondu à

[1] De Mouxy de Loche.

votre attente et à votre secret désir en vous conviant, dans cette journée mémorable pour moi, à cette vue rétrospective et en quelque sorte panoramique de la Savoie et des Savoyards au xvie siècle. Si, orateur à la manière de Démosthène, j'avais à prononcer ce discours devant la foule de mes compatriotes assemblés, que les malheurs des temps présents troublent et abattent, je le terminerais par ces simples mots : *Regardez, et imitez vos pères.* Dans cette enceinte, j'ai un tout autre sentiment à exprimer. Ce sera, Messieurs, la gloire de cette Académie de s'être donné pour tâche principale la recherche des belles actions de nos ancêtres, la divulgation de leurs œuvres, de leur vie, de leurs mœurs et des grandes leçons que leur exemple nous a laissées.

Mais, pourquoi parler des traditions du passé, quand je les retrouve si bien continuées en vous ? Autres temps, mêmes caractères. La langue s'est épurée, la science a étendu le champ de ses découvertes et de ses conquêtes, les frontières se sont abaissées, et notre Savoie est restée ce qu'elle était : votre Compagnie, qui est comme le conseil suprême de son organisation intellectuelle, me fait revoir les Savoyards du xvie siècle dans les Savoyards d'aujourd'hui. C'est pour cette raison, Messieurs, que le portrait des uns m'a paru devoir être auprès des autres le tribut le plus agréable que je puisse leur présenter en témoignage de ma reconnaissance. Acceptez-le avec autant de bienveillance que je mets de sincérité à vous l'offrir, et laissez-moi bien vite m'abriter sous l'ombre de vos travaux et de vos services, pour dissimuler, à mon entrée dans vos rangs, la modestie de mon apport.

RÉPONSE

AU

DISCOURS DU RÉCIPIENDAIRE

Par M. L. PILLET, président de l'Académie.

MONSIEUR LE CURÉ,

En recevant un ecclésiastique au nombre de ses membres effectifs, l'Académie de Savoie reste fidèle à ses bonnes et anciennes traditions. Elle se rappelle que parmi ses fondateurs, à côté des Raymond, des de Mouxy de Loche, des de Vignet, siégeait un prêtre, le chanoine Billiet, devenu plus tard archevêque et cardinal.

Sans vous souhaiter une pareille fortune, l'Académie tient à honneur, au milieu des passions de l'heure présente, de porter bien haut sa bannière de noble impartialité, en dehors et au-dessus des luttes politiques et antireligieuses. Elle accueille en vous, Monsieur le Curé, l'ami des lettres, l'ami des études historiques.

Vous étiez, en effet, dès votre premier début dans la vie, voué au culte des lettres. En sortant du Grand-Séminaire de Chambéry, vous avez été nommé professeur de littérature au Pont-de-Beauvoisin. Lorsqu'on vous proposa une chaire au collège royal d'Aoste, et, plus tard, après l'annexion de la Savoie à la France, dans un lycée des départements voisins, vous avez préféré à ces brillantes perspec-

tives la voix austère de votre Archevêque, et vous êtes
resté fidèle au diocèse de Chambéry.

Sans sortir de la réserve commandée à une Société
scientifique, il m'est permis, je le pense, d'exprimer ici mon
étonnement. Suivant les usages alors consacrés, un professeur titulaire de seconde dans un collége royal, après plusieurs années d'exercice et de succés, était nommé vicaire
de Rumilly. N'était-ce pas décourager les jeunes prêtres
qui avaient dû se livrer à de longues études pour se rendre
dignes de leur chaire, et qui auraient pu rendre tant de services en se vouant pour de longues années à cet important
sacerdoce ?

Mais gardons-nous de critiquer un passé que nous ne
connaissons peut-être que trop imparfaitement.

En venant à Rumilly comme vicaire, vous n'avez pas
quitté la littérature. C'est, en effet, de cette époque que
datent vos premiers travaux littéraires.

Le 5 août de l'année 1863 fut, pour l'église de Rumilly,
une date mémorable. Grâce au zéle de M. Simond, alors
curé de cette paroisse, l'ancien sanctuaire de Notre-Dame
de l'Aumône était sorti de ses ruines ; une élégante cha-
pelle ogivale y avait été construite. Le vénérable cardinal
archevêque de Chambéry, deux évêques, une foule innom-
brable de prêtres et de fidéles s'y réunissaient pour la
consécration du nouvel oratoire.

A cette fête populaire il fallait un chroniqueur. Le professeur de rhétorique était naturellement désigné pour cet
office. Ce fut, je crois, votre première publication, œuvre de
circonstance, difficile entre toutes, où il faut savoir conci-
lier les élans d'une foule enthousiaste avec la sobriété de
l'histoire.

En 1866, vous aviez une tâche moins ingrate; vous

deviez rendre compte d'une nouvelle cérémonie : la translation à Notre-Dame de l'Aumône des restes de Dom Juste Guérin, l'un des amis et successeurs de Saint François de Sales. Là, du moins, vous n'aviez plus seulement à décrire une fête pieuse. La vie peu connue du Prélat vous offrait une page d'histoire ; vous l'avez écrite avec érudition et avec goût.

Mais l'ouvrage qui, à mon avis, vous assure la reconnaissance des érudits et les éloges des lettrés, c'est *le Monastère des Bernardines réformées de Rumilly*, publié également en 1866. Il est impossible de présenter avec plus de vie et à la fois avec plus de convenance, cet intérieur des couvents de Sainte-Catherine d'Annecy et des Bernardines de Rumilly. Saint François de Sales, la Mère de Chantal, y revivent avec leurs traits déjà connus et aimés. Blanche-Louise-Thérèse Perrucard de Ballon, leur contemporaine, s'y révèle à nous pour la première fois, et nous découvrons en Savoie une sainte, une héroïne de plus.

Transporté de Rumilly dans les Bauges, vous avez utilisé les loisirs de ces postes solitaires en préparant le grand œuvre de l'*Histoire des Bauges*, dont vous nous avez lu quelques fragments. Je n'ai pas à les apprécier ici ; ils seront soumis, lorsque le travail sera terminé, à une commission, qui devra en présenter une critique impartiale.

Le discours que vous venez de nous lire ne fait que confirmer les impressions favorables que nous avaient inspirées vos publications antérieures. Nous y trouvons ce style élégant, ce goût épuré qui promettent à notre Compagnie un collaborateur utile, un juge éclairé pour les concours.

Nous y découvrons surtout l'amateur de recherches érudites sur l'histoire de notre Savoie. Quoi qu'en ait dit je ne sais plus quel critique, cette histoire est loin d'être épuisée par les publications de notre regretté confrère, Léon Ménabréa. Les travaux des de Costa, de Burnier, de Depoisier, pour ne mentionner que ceux qui ne sont plus parmi nous, suffisent à prouver que, même après sa mort, il restait encore des découvertes à faire dans cette mine à peine explorée.

Comme vous le dites fort gracieusement, notre Compagnie a un faible qu'elle avoue, une passion dont elle est loin de rougir : c'est son amour pour la Savoie. Cet amour, vous nous aiderez à le propager et surtout à le justifier par des œuvres utiles.

COMPOSITIONS LITTÉRAIRES

DE JEAN PIOCHET

(Dans sa quatre-vingtième année environ.)

Vers à la louange du Saint-Suaire de Chambéry.

O sacre saint suaire, o linge precieux
Qui as touche l'Autheur de la terre et des cieux,
Et qui as eu tant d'heur que de baiser la face
De celluy dont la mort tout noz pechez efface,
Qui servit à couvrir les membres tous sanglans
Du père qui voulut mourir pour ses Enfans.
Je t'honore o linceul, tresor incomparable
Relicaire sacre, tesmoin tres veritable
De la mort du Sauveur et je crois pour le seur
Que celluy qui voudra t'honorer de bon cueur
Et croira fermement et avec repentance
Confesser au Seigneur son crime et son offense
Qu'il obtiendra pardon et sera jouissant
De l'asseuré plaisir qui n'est point perissant.
O miracle divin surpassant la Nature,
Je voy dans ce linceuil la vraie portraiture
Du corps de Jesuchrist qui pour notre misere
Voleut en croix souffrir une mort tant amere,
Je voy je voy ces mains et ces pietz tous percez
Par des clos inhumains cruellement fichez
Ces plaies sont encor touttes ensanglantées
L'home les meritoit Dieu les a supportees
L'home avait fait le mal en pechant lachement
Et le seigr son Dieu recoit le chastiment.
Chrestiens recognoissons ceste charite grande

Que chascun de son cœur au seigr face offrande
Et que ce saint linceul ou son corps fut pose
Soyt à ce jour sacre de nos pleurs arrose
 Eslevons nostre voyx en chantant ses louanges
Ores il est au Ciel esleve sur les Anges
Qui nous veoit et ouyt. O seigneur debonnaire
Ce jour que nous voions ce tant divin suayre
L'honorant saintement, permettez nous qu'un jour
Nous puissions parvenir bienheureux avec vous
Et qu'en laissant ça bas touttes choses mortelles
Nous sentions dans le ciel vos joyes eternelles.

Pour mettre aux deux tables d'attente.

Tous flotz cruelz de la tourmente humaine
J'ay a mespris et leur mallin effort
Espoir trompeur et toi fortune vaine
Allez allieurs j'ay rencontré le Port.

Sal Mont la mis.

Ne veuille pas entrer o doux Seigneur
En jugement pour punir ma faute orde
Bien que je soys helas tres grand pecheur
Plus grande o Dieu est ta misericorde.

Sal Mont la mis.

Pour mettre au pied de l'image de Saint Pol a Lesmene.

Celluy a peu doeil ou de sens humain
Qui contemplant cette Image parfaitte
Ne la dit estre ouvrage de la main
D'un autre Apelle ou bien de Policlette

Aux pieds de Saint Pierre.

En ce tableau d'admirable peinture
D'artiste main le peintre te despart
Tout ce qu'en l'Art peut faire la nature
Et la Nature encore peut faire en l'art.

Sur le trépas du sieur du Coudray.

La tres cruelle Destinee
Dans ce cercueil a enserre
Du Couldray O sort desplorable
Nous avons beau nous lamenter
Au Ciel sourd pour le ramener
Le Ciel n'en fait plus de semblable

Sallin P.

Loange de l'histoire.

Par le don admirable que la bonté divine nous a fait des lettres, l'un des plus grandz fruitz que les hommes d'entendement se peuvent acquérir et pratiquer c'est le benefice de l'histoire, car par icelle lon voiage sans frais par touttes les regions de la terre, lon monte avec esperance jusques aux abymes lon cingle par tous les gouffres de la Mer sans aucun peril, lon se treuve sans danger au millieu des batailles en assautz et en prises de villes lon se sauve sans perte de la main des brigans, brief lon y fait touttes negotiations et exercices sans bouger d'une place [1].

DEVISES

In pace novi hostes.

Invia virtuti nulla est via.

---

[1] Dans chacune de ces compositions littéraires de Jean de Piochet, l'orthographe de l'auteur a été scrupuleusement reproduite.

6157 — Chambéry, imprimerie Chatelain, avenue du Champ-de-Mars.